Todos los libros de Linkgua Ediciones cuentan con modelos de Inteligencia Artificial entrenados por hispanistas. Pregúntale al chat de tu libro lo que desees acerca de la obra o su autor/a.

Para ebooks: Accede a nuestro modelo de IA a través de este enlace.

Para libros impresos: Escanea el código QR de la portada con tu dispositivo móvil.

Obtén análisis detallados de nuestros libros, resúmenes, respuestas a tus preguntas y accede a nuestras ediciones críticas generativas para una experiencia de lectura más enriquecedora.
La transparencia y el respeto hacia la autoría de las fuentes utilizadas son distintivos básicos de nuestro proyecto. Por ello, las respuestas ofrecen, mediante un sistema de citas, las fuentes con las que han sido elaboradas.

Miguel de Cervantes Saavedra

Poemas

Barcelona 2024
Linkgua-ediciones.com

Créditos

Título original: Poemas.

© 2024, Red ediciones S.L.

e-mail: info@Linkgua-ediciones.com

Diseño de cubierta: Michel Mallard.

ISBN tapa dura: 978-84-1126-149-4.
ISBN rústica: 978-84-9816-473-2.
ISBN ebook: 978-84-9953-404-6.

Sumario

Brevísima presentación

La vida

Miguel de Cervantes Saavedra (Alcalá de Henares, 1547-Madrid, 1616). España.

Era hijo de un cirujano, Rodrigo Cervantes, y de Leonor de Cortina. Se sabe muy poco de su infancia y adolescencia. Aunque se ha confirmado que era el cuarto entre siete hermanos. Las primeras noticias que se tienen de Cervantes son de su etapa de estudiante, en Madrid.

A los veintidós años se fue a Italia, para acompañar al cardenal Acquaviva. En 1571 participó en la batalla de Lepanto, donde sufrió heridas en el pecho y la mano izquierda. Y aunque su brazo quedó inutilizado, combatió después en Corfú, Ambarino y Túnez.

En 1584 se casó con Catalina de Palacios, no fue un matrimonio afortunado. Tres años más tarde, en 1587, se trasladó a Sevilla y fue comisario de abastos. En esa ciudad sufrió cárcel varias veces por sus problemas económicos y hacia 1603 o 1604 se fue a Valladolid, allí también fue a prisión, esta vez acusado de un asesinato. Desde 1606, tras la publicación del Quijote, fue reconocido como un escritor famoso y vivió en Madrid.

Célebre como prosista y autor de relatos, en sus narraciones Miguel de Cervantes incluye numerosos poemas con formatos y extensiones diversas. La presente antología contiene poemas de los siguientes títulos de Cervantes:

El Quijote

La Galatea
La ilustre fregona
El amante liberal
Rinconete y Cortadillo
y poemas extraídos de fuentes varias

El Quijote

Amadís de Gaula a don Quijote de la Mancha[1]

Tú, que imitaste la llorosa vida
Que tuve ausente y desdeñado sobre
El gran ribazo de la Peña Pobre,
De alegre a penitencia reducida,

Tú, a quien los ojos dieron la bebida
De abundante licor, aunque salobre,
Y alzándote la plata, estaño y cobre,
Te dio la tierra en tierra la comida,

Vive seguro de que eternamente,
En tanto, al menos, que en la cuarta esfera,
Sus caballos aguije el rubio Apolo,

Tendrás claro renombre de valiente;
Tu patria será en todas la primera;
Tu sabi autor, al mundo único y solo.

---

1   *Don Quijote*. Prólogo. (N. del E.)

Don Bellanís de Grecia a don Quijote de la Mancha[2]

Rompí, corté, abollé, y dije y hice
Más que en el orbe caballero andante;
Fui diestro, fui valiente, fui arrogante;
Mil agravios vengué, cien mil deshice.

Hazañas di a la Fama que eternice;
Fui comedido y regalado amante;
Fue enano para mí todo gigante
Y al duelo en cualquier punto satisfice.

Tuve a mis pies postrada la Fortuna,
Y trajo del copeta mi cordura
A la calva Ocasión al estricote.

Mas, aunque sobre el cuerno de la Luna
Siempre se vio encumbrada mi ventura,
Tus proezas envidio, ¡oh gran Quijote!

---

2   *Don Quijote.* Prólogo. (N. del E.)

La señora Oriana a Dulcinea del Toboso[3]

¡Oh, quién tuviera, hermosa Dulcinea,
por más comodidad y más reposo,
a Miraflores puesto en el Toboso,
y trocara sus Londres con tu aldea!

¡Oh, quién de tus deseos y librea
alma y cuerpo adornara, y del famoso
caballero que hiciste venturoso
mirara alguna desigual pelea!

¡Oh, quién tan castamente se escapara
del señor Amadís como tú hiciste
del comedido hidalgo don Quijote!

Que así envidiada fuera, y no envidiara,
Y fuera alegre el tiempo que fue triste,
Y gozara los gustos sin escotes.

---

3   *Don Quijote*. Prólogo. (N. del E.)

Gandalín, escudero de Amadís de Gaula, a Sancho Panza, escudero de don Quijote[4]

Salve, varón famoso, a quien Fortuna,
Cuando en el trato escuderil te puso,
Tan blanda y cuerdamente lo dispuso,
Que lo pasaste sin desgracia alguna.

Ya la azada o la hoz poco repugna
Al andante ejercicio; ya está en uso
La llaneza escudera, con que acuso
Al soberbio que intenta hollar la Luna.

Envidio a tu jumento y a tu nombre,
Y a tus alforjas igualmente envidio,
Que mostraron tu cuerda providencia.

Salve otra vez, ¡oh Sancho!, tan buen hombre,
Que a solo tú nuestro español Ovidio,
Con buzcorona te hace reverencia.

---

4   *Don Quijote*. Prólogo. (N. del E.)

Orlando Furioso a don Quijote de la Mancha[5]

Si no eres par, tampoco le has tenido:
que par pudieras ser entre mil pares;
ni puede haberle donde tú te hallares,
invicto vencedor, jamás vencido.

Orlando soy, Quijote, que, perdido
por Angélica, vi remotos mares,
ofreciendo a la Fama en sus altares
aquel valor que respetó el olvido.

No puedo ser tu igual; que este decoro
se debe a tus proezas y a tu fama,
puesto que, como yo, perdiste el seso.

Mas serlo has mío, si al soberbio moro
y cita fiero domas, que hoy nos llama,
iguales en amor con mal suceso.

---

5   *Don Quijote*. Prólogo. (N. del E.)

El caballero del Febo a don Quijote de la Mancha[6]

A vuestra espada no igualó la mía,
Febo español, curioso cortesano,
ni a la alta gloria de valor mi mano,
que rayo fue do nace y muere el día.

Imperios desprecié; la monarquía
que me ofreció el Oriente rojo en vano
dejé, por ver el rostro soberano
de Claridiana, aurora hermosa mía.

Améla por milagro único y raro,
y, ausente en su desgracia, el propio infierno
temió mi brazo, que domó su rabia.

Mas vos, godo Quijote, ilustre y claro,
por Dulcinea sois al mundo eterno,
y ella, por vos, famosa, honesta y sabia.

6   *Don Quijote.* Prólogo. (N. del E.)

De Solisdán a don Quijote de la Mancha[7] [8]

Maguer,1 señor Quijote, que sandeces
vos2 tengan el cerbelo3 derrumbado,
nunca seréis de alguno reprochado
por home4 de obras viles y soeces.

Serán vuesas5 fazañas6 los joeces,7
pues tuertos8 desfaciendo9 habéis andado,
siendo vegadas10 mil apaleado
por follones11 cautivos y raheces.12

Y si la vuesa linda Dulcinea
desaguisado contra vos comete,
ni a vuesas cuitas muestra buen talante,

en tal desmán, vueso conorte13 sea

7   *Don Quijote*. Prólogo. (N. del E.)
8   Este soneto está escrito en una lenguaje arcaizante parodiando los
     libros de caballerías:

1. aunque;
2. os;
3. cerebro;
4. hombre;
5. vuestras;
6. hazañas;
7. jueces;
8. injusticias;
9. Deshaciendo;
10. veces;
11. maleantes;
12. viles;
13. consuelo

que Sancho Panza fue mal alcagüete,14
necio él, dura ella, y vos no amante.

Diálogo entre Babieca y Rocinante[9]

B. ¿Cómo estáis, Rocinante, tan delgado?
R. Porque nunca se come, y se trabaja.
B. Pues, ¿qué es de la cebada y de la paja?
R. No me deja mi amo ni un bocado.

B. Andá, señor, que estáis muy mal criado,
pues vuestra lengua de asno al amo ultraja.
R. Asno se es de la cuna a la mortaja.
¿Queréislo ver? Miraldo enamorado.

B. ¿Es necedad amar? R. No es gran prudencia.
B. Metafísico estáis. R. Es que no como.
B. Quejaos del escudero. R. No es bastante.

¿Cómo me he de quejar en mi dolencia,
si el amo y escudero o mayordomo
son tan rocines como Rocinante?

---

9   *Don Quijote.* Prólogo. (N. del E.)

Antonio[10]

—Yo sé, Olalla, que me adoras,
puesto que no me lo has dicho
ni aun con los ojos siquiera,
mudas lenguas de amoríos.
Porque sé que eres sabida,
en que me quieres me afirmo;
que nunca fue desdichado
amor que fue conocido.
Bien es verdad que tal vez,
Olalla, me has dado indicio
que tienes de bronce el alma
y el blanco pecho de risco.
Mas allá entre tus reproches
y honestísimos desvíos,
tal vez la esperanza muestra
la orilla de su vestido.
Abalánzase al señuelo
mi fe, que nunca ha podido,
ni menguar por no llamado,
ni crecer por escogido.
Si el amor es cortesía,
de la que tienes colijo
que el fin de mis esperanzas
ha de ser cual imagino.
Y si son servicios parte
de hacer un pecho benigno,
algunos de los que he hecho
fortalecen mi partido.

10 *Don Quijote*. Primera parte. Capítulo XI. (N. del E.)

Porque si has mirado en ello,
más de una vez habrás visto
que me he vestido en los lunes
lo que me honraba el domingo.
Como el amor y la gala
andan un mismo camino,
en todo tiempo a tus ojos
quise mostrarme pulido.
Dejo el bailar por tu causa,
ni las músicas te pinto
que has escuchado a deshoras
y al canto del gallo primo.
No cuento las alabanzas
que de tu belleza he dicho;
que, aunque verdaderas, hacen
ser yo de algunas malquisto.
Teresa del Berrocal,
yo alabándote, me dijo:
«Tal piensa que adora a un ángel,
y viene a adorar a un simio;
merced a los muchos dijes
y a los cabellos postizos,
y a hipócritas hermosuras,
que engañan al Amor mismo.»
Desmentíla y enojóse;
volvió por ella su primo:
desafióme, y ya sabes
lo que yo hice y él hizo.
No te quiero yo a montón,
ni te pretendo y te sirvo
por lo de barraganía;
que más bueno es mi designio.

Coyundas tiene la Iglesia
que son lazadas de sirgo;
pon tú el cuello en la gamella;
verás como pongo el mío.
Donde no, desde aquí juro,
por el santo más bendito,
de no salir destas sierras
sino para capuchino.

Canción de Grisóstomo[11]

Ya que quieres, cruel, que se publique,
de lengua en lengua y de una en otra gente,
del áspero rigor tuyo la fuerza,
haré que el mismo infierno comunique
al triste pecho mío un son doliente,
con que el uso común de mi voz tuerza.
Y al par de mi deseo, que se esfuerza
a decir mi dolor y tus hazañas,
de la espantable voz irá el acento,
y en él mezcladas, por mayor tormento,
pedazos de las míseras entrañas.
Escucha, pues, y presta atento oído,
no al concertado son, sino al ruido
que de lo hondo de mi amargo pecho,
llevado de un forzoso desvarío,
por gusto mío sale y tu despecho.
El rugir del león, del lobo fiero
el temeroso aullido, el silbo horrendo
de escamosa serpiente, el espantable
baladro de algún monstruo, el agorero
graznar de la corneja, y el estruendo
del viento contrastado en mar instable;
del ya vencido toro el implacable
bramido, y de la viuda tortolilla
el sentible arrullar; el triste canto
del envidiado búho, con el llanto
de toda la infernal negra cuadrilla,
salgan con la doliente ánima fuera,

11 *Don Quijote*. Primera parte. Capítulo XIV. (N. del E.)

mezclados en un son, de tal manera
que se confundan los sentidos todos,
pues la pena cruel que en mí se halla
para contarla pide nuevos modos.
De tanta confusión no las arenas
del padre Tajo oirán los tristes ecos,
ni del famoso Betis las olivas:
que allí se esparcirán mis duras penas
en altos riscos y en profundos huecos,
con muerta lengua y con palabras vivas;
o ya en oscuros valles, o en esquivas
playas, desnudas de contrato humano,
o adonde el Sol jamás mostró su lumbre,
o entre la venenosa muchedumbre
de fieras que alimenta el libio llano;
que, puesto que en los páramos desiertos
los ecos roncos de mi mal, inciertos,
suenen con tu rigor tan sin segundo,
por privilegio de mis cortos hados,
serán llevados por el ancho mundo.
Mata un desdén, atierra la paciencia,
o verdadera o falsa, una sospecha;
matan los celos con rigor más fuerte;
desconcierta la vida larga ausencia;
contra un temor de olvido no aprovecha
firme esperanza de dichosa suerte.
En todo hay cierta, inevitable muerte;
mas yo, ¡milagro nunca visto!, vivo
celoso, ausente, desdeñado y cierto
de las sospechas que me tienen muerto;
y en el olvido en quien mi fuego avivo,
y, entre tantos tormentos, nunca alcanza

mi vista a ver en sombra a la esperanza,
ni yo, desesperado, la procuro;
antes, por extremarme en mi querella,
estar sin ella eternamente juro.
¿Puédese, por ventura, en un instante
esperar y temer, o es bien hacerlo,
siendo las causas del temor más ciertas?
¿Tengo, si el duro celo está delante,
de cerrar estos ojos, si he de vello
por mil heridas en el alma abiertas?
¿Quién no abrirá de par en par las puertas
a la desconfianza, cuando mira
descubierto el desdén, y las sospechas,
¡oh amarga conversión!, verdades hechas,
y la limpia verdad vuelta en mentira?
¡Oh, en el reino de amor fieros tiranos
celos, ponedme un hierro en estas manos!
Dame, desdén, una torcida soga.
Mas, ¡ay de mí!, que, con cruel victoria,
vuestra memoria el sufrimiento ahoga.
Yo muero, en fin; y, porque nunca espere
buen suceso en la muerte ni en la vida,
pertinaz estaré en mi fantasía.
Diré que va acertado el que bien quiere,
y que es más libre el alma más rendida
a la de amor antigua tiranía.
Diré que la enemiga siempre mía
hermosa el alma como el cuerpo tiene,
y que su olvido de mi culpa nace,
y que, en fe de los males que nos hace,
amor su imperio en justa paz mantiene.
Y, con esta opinión y un duro lazo,

acelerando el miserable plazo
a que me han conducido sus desdenes,
ofreceré a los vientos cuerpo y alma,
sin lauro o palma de futuros bienes.
Tú, que con tantas sinrazones muestras
la razón que me fuerza a que la haga
a la cansada vida que aborrezco,
pues ya ves que te da notorias muestras
esta del corazón profunda llaga,
de cómo, alegre, a tu rigor me ofrezco,
si, por dicha, conoces que merezco
que el cielo claro de tus bellos ojos
en mi muerte se turbe, no lo hagas;
que no quiero que en nada satisfagas,
al darte de mi alma los despojos.
Antes, con risa en la ocasión funesta,
descubre que el fin mío fue tu fiesta;
mas gran simpleza es avisarte de esto,
pues sé que está tu gloria conocida
en que mi vida llegue al fin tan presto.
Venga, que es tiempo ya, del hondo abismo
Tántalo con su sed; Sísifo venga
con el peso terrible de su canto;
Ticio traya su buitre, y asimismo
con su rueda Egión no se detenga,
ni las hermanas que trabajan tanto;
y todos juntos su mortal quebranto
trasladen en mi pecho, y en voz baja
—si ya a un desesperado son debidas—
canten obsequias tristes, doloridas,
al cuerpo a quien se niegue aun la mortaja.
Y el portero infernal de los tres rostros,

con otras mil quimeras y mil monstruos,
lleven el doloroso contrapunto;
que otra pompa mejor no me parece
que la merece un amador difunto.
Canción desesperada, no te quejes
cuando mi triste compañía dejes;
antes, pues que la causa do naciste
con mi desdicha aumenta su ventura,
aun en la sepultura no estés triste.

El Monicongo, académico de la Argamasilla, a la sepultura de don Quijote[12]

(Epitafio)

El calvatrueno que adornó a la Mancha
de más despojos que Jasón decreta;
el juicio que tuvo la veleta
aguda donde fuera mejor ancha,

el brazo que su fuerza tanto ensancha,
que llegó del Catay hasta Gaeta,
la musa más horrenda y más discreta
que grabó versos en la broncínea plancha,

el que a cola dejó los Amadises,
y en muy poquito a Galaores tuvo,
estribando en su amor y bizarría,

el que hizo callar los Belianises,
aquel que en Rocinante errando anduvo,
yace debajo de esta losa fría.

Del Paniaguado, académico de la Argamasilla,
In laudem Dulcinæ del Toboso

Esta que veis de rostro amondongado,
alta de pechos y ademán brioso,
es Dulcinea, reina del Toboso,
de quien fue el gran Quijote aficionado.

12 *Don Quijote.* Primera parte. Capítulo LII. (N. del E.)

Pisó por ella el uno y otro lado
de la gran Sierra Negra, y el famoso
campo de Montiel, hasta el herboso
llano de Aranjuez, a pie y cansado.

Culpa de Rocinante, ¡oh dura estrella!,
que esta manchega dama, y este invito
andante caballero, en tiernos años,

ella dejó, muriendo, de ser bella;
y él, aunque queda en mármoles escrito,
no pudo huir de amor, iras y engaños.

Del caprichoso, discretísimo académico de la Argamasilla, en loor de Rocinante, caballo de don Quijote de la Mancha[13]

(Soneto con estrambote)

En el soberbio trono diamantino
que con sangrientas plantas huella Marte,
frenético, el Manchego su estandarte
tremola con esfuerzo peregrino.

Cuelga las armas y el acero fino
con que destroza, asuela, raja y parte:
¡nuevas proezas!, pero inventa el arte
un nuevo estilo al nuevo paladino.

Y si de su Amadís se precia Gaula,
por cuyos bravos descendientes Grecia
triunfó mil veces y su fama ensancha,

hoy a Quijote le corona el aula
do Belona preside, y de él se precia,
más que Grecia ni Gaula, la alta Mancha.

Nunca sus glorias el olvido mancha,
pues hasta Rocinante, en ser gallardo,
excede a Brilladoro y a Bayardo.

---

13 *Don Quijote*. Primera parte. Capítulo LII. (N. del E.)

Del burlador, académico argamasillesco, a Sancho Panza[14]

Sancho Panza es aquéste, en cuerpo chico,
pero grande en valor, ¡milagro extraño!
Escudero el más simple y sin engaño
que tuvo el mundo, os juro y certifico.

De ser conde no estuvo en un tantico,
si no se conjuraran en su daño
insolencias y agravios del tacaño
siglo, que aun no perdonan a un borrico.

Sobre él anduvo —con perdón se miente—
este manso escudero, tras el manso
caballo Rocinante y tras su dueño.

¡Oh vanas esperanzas de la gente;
cómo pasáis con prometer descanso,
y al fin paráis en sombra, en humo, en sueño!

14 *Don Quijote*. Primera parte. Capítulo LII. (N. del E.)

Epitafios del Cachidiablo, académico de la Argamasilla, en la sepultura de don Quijote[15]

Aquí yace el caballero,
bien molido y mal andante,
a quien llevó Rocinante
por uno y otro sendero.
Sancho Panza el majadero
yace también junto a él,
escudero el más fiel
que vio el trato de escudero.

15 *Don Quijote*. Primera parte. Capítulo LII. (N. del E.)

Del Tiquitoc, académico de la Argamasilla, en la sepultura de Dulcinea del Toboso[16]

Reposa aquí Dulcinea;
y, aunque de carnes rolliza,
la volvió en polvo y ceniza
la muerte espantable y fea.
Fue de castiza ralea,
y tuvo asomos de dama;
del gran Quijote fue llama,
y fue gloria de su aldea.

---

16 *Don Quijote*. Primera parte. Capítulo LII. (N. del E.)

La Galatea

Amoroso pensamiento[17]

Amoroso pensamiento,
si te precias de ser mío,
camina con tan buen tiento
que ni te humille el desvío
ni ensoberbezca el contento.
Ten un medio —si se acierta
a tenerse en tal porfía—:
no huyas el alegría,
ni menos cierres la puerta
al llanto que amor envía.
Si quieres que de mi vida
no se acabe la carrera,
no la lleves tan corrida
ni subas do no se espera
sino muerte en la caída.
Esa vana presunción
en dos cosas parará:
la una, en tu perdición;
la otra, en que pagará
tus deudas el corazón.
De él naciste, y en naciendo,
pecaste, y págalo él;
huyes de él, y si pretendo
recogerte un poco en él,
ni te alcanzo ni te entiendo.
Ese vuelo peligroso
con que te subes al cielo,
si no fueres venturoso,

17 *La Galatea*. Libro primero. (N. del E.)

ha de poner por el suelo
mi descanso y tu reposo.
Dirás que quien bien se emplea
y se ofrece a la ventura,
que no es posible que sea
del tal juzgado a locura
el brío de que se arrea.
Y que, en tan alta ocasión,
es gloria que par no tiene
tener tanta presunción,
cuanto más si le conviene
al alma y al corazón.
Yo lo tengo así entendido,
mas quiero desengañarte;
que es señal ser atrevido
tener de amor menos parte
que el humilde y encogido.
Subes tras una beldad
que no puede ser mayor:
no entiendo tu calidad,
que puedas tener amor
con tanta desigualdad.
Que si el pensamiento mira
un sujeto levantado,
contémplalo, y se retira,
por no ser caso acertado
poner tan alta la mira.
Cuanto más, que el amor nace
junto con la confianza,
y en ella se ceba y pace;
y, en faltando la esperanza,
como niebla se deshace.

Pues tú, que ves tan distante
el medio del fin que quieres,
sin esperanza y constante,
si en el camino murieres,
morirás como ignorante.
Pero no se te dé nada,
que, en esta empresa amorosa,
do la causa es sublimada,
el morir es vida honrosa;
la pena, gloria extremada.

Elicio   Blanda, suave, reposadamente,
ingrato Amor, me sujetaste el día
que los cabellos de oro y bella frente
miré del Sol que al Sol oscurecía;
tu tósigo cruel, cual de serpiente,
en las rubias madejas se escondía;
yo, por mirar el Sol en los manojos,
todo vine a beberle por los ojos.

Erastro   Atónito quedé y embelesado,
como estatua sin voz de piedra dura,
cuando de Galatea el extremado
donaire vi, la gracia y hermosura.
Amor me estaba en el siniestro lado,
con las saetas de oro, ¡ay muerte dura!,
haciéndome una puerta por do entrase
Galatea y el alma me robase.

Elicio   ¿Con qué milagro, amor, abres el pecho
del miserable amante que te sigue,
y de la llaga interna que le has hecho

crecida gloria muestra que consigue?
¿Cómo el daño que haces es provecho?
¿Cómo en tu muerte alegre vida vive?
La alma que prueba estos efectos todos
la causa sabe, pero no los modos.

Erastro   No se ven tantos rostros figurados
en roto espejo, o hecho por tal arte
que, si uno en él se mira, retratados
se ve una multitud en cada parte,
cuantos nacen cuidados y cuidados
de un cuidado cruel que no se parte
del alma mía, a su rigor vencida,
hasta apartarse junto con la vida.

Elicio   La blanca nieve y colorada rosa,
Que el verano no gasta ni el invierno;
el Sol de dos luceros, do reposa
el blando amor, y a do estará in æterno;
la voz, cual la de Orfeo poderosa
de suspender las furias del infierno,
y otras cosas que vi quedando ciego,
yesca me han hecho al invisible fuego.

Erastro   Dos hermosas manzanas coloradas,
que tales me semejan dos mejillas,
y el arco de dos cejas levantadas,
que el de Iris no llegó a sus maravillas;
dos rayos, dos hileras extremadas
de perlas entre grana, y, si hay decillas,
mil gracias que no tienen par ni cuento,
niebla m' han hecho al amoroso viento.

Elicio	Yo ardo y no me abraso, vivo y muero;
	estoy lejos y cerca de mí mismo;
	espero en solo un punto y desespero;
	súbome al cielo, bájome al abismo;
	quiero lo que aborrezco, blando y fiero;
	me pone el amaros paroxismo;
	y con estos contrarios, paso a paso,
	cerca estoy ya del último traspaso.

Erastro	Yo te prometo, Elicio, que le diera
	todo cuanto en la vida me ha quedado
	a Galatea, porque me volviera
	el alma y corazón que m'ha robado;
	y después del ganado, le añadiera
	mi perro Gavilán con el Manchado;
	pero, como ella debe de ser diosa,
	el alma querrá más que no otra cosa.

Elicio	Erastro, el corazón que en alta parte
	es puesto por el hado, suerte o signo,
	quererle derribar por fuerza o arte
	o diligencia humana, es desatino.
	Debes de su ventura contentarte;
	que, aunque mueras sin ella, yo imagino
	que no hay vida en el mundo más dichosa
	como el morir por causa tan honrosa.

Galatea	Afuera el fuego, el lazo, el hielo y flecha
	de amor, que abrasa, aprieta, enfría y hiere;
	que tal llama mi alma no la quiere,
	ni queda de tal nudo satisfecha.

Consuma, ciña, hiele, mate; estrecha
tenga otra la voluntad cuanto quisiere;
que por dardo, o por nieve, o red no espere
tener la mía en su calor deshecha.
Su fuego enfriará mi casto intento,
el nudo romperé por fuerza o arte,
la nieve deshará mi ardiente celo,
la flecha embotará mi pensamiento;
y así, no temeré en segura parte
de amor el fuego, el lazo, el dardo, el hielo.

Ya la esperanza es perdida,
y un solo bien me consuela:
que el tiempo, que pasa y vuela,
llevará presto la vida.
Dos cosas hay en amor
con que su gusto se alcanza:
deseo de lo mejor,
es la otra la esperanza
que pone esfuerzo al temor.
Las dos hicieron manida
en mi pecho, y no las veo;
antes en la alma afligida,
porque me acabe el deseo,
ya la esperanza es perdida.
Si el deseo desfallece
cuando la esperanza mengua,
al contrario en mí parece,
pues cuanto ella más desmengua
tanto más él se engrandece.
Y no hay usar de cautela
con las llagas que me atizan,
que en esta amorosa escuela

mil males me martirizan,
y un solo bien me consuela.
Apenas hubo llegado
el bien a mi pensamiento,
cuando el cielo, suerte y hado,
con ligero movimiento
l'han del alma arrebatado.
Y si alguno hay que se duela
de mi mal tan lastimero,
al mal amaina la vela,
y al bien pasa más ligero
que el tiempo, que pasa y vuela.
¿Quién hay que no se consuma
con estas ansias que tomo?,
pues en ellas se ve en suma
ser los cuidados de plomo
y los placeres de pluma.
Y aunque va tan de caída
mi dichosa buena andanza
en ella este bien se anida:
que quien llevó la esperanza
llevará presto la vida.

En áspera, cerrada, oscura noche,
sin ver jamás el esperado día,
y en continuo, crecido, amargo llanto,
ajeno de placer, contento y risa,
merece estar, y en una viva muerte,
aquel que sin amor pasa la vida.
¿Qué puede ser la más alegre vida,
sino una sombra de una breve noche,
o natural retrato de la muerte,
si en todas cuantas horas tiene el día,

puesto silencio al congojoso llanto,
no admite del amor la dulce risa?
Do vive el blando amor, vive la risa,
y adonde muere, muere nuestra vida,
y el sabroso placer se vuelve en llanto,
y en tenebrosa sempiterna noche
la clara luz del sosegado día,
y es el vivir sin él amarga muerte.
Los rigurosos trances de la muerte
no huye el amador; antes con risa
desea la ocasión y espera el día
donde pueda ofrecer la cara vida
hasta ver la tranquila última noche,
al amoroso fuego, al dulce llanto.
No se llama de amor el llanto, llanto,
ni su muerte llamarse debe muerte,
ni a su noche dar título de noche;
que su risa llamarse debe risa,
y su vida tener por cierta vida,
y solo festejar su alegre día.
¡Oh venturoso para mí este día,
do pude poner freno al triste llanto,
y alegrarme de haber dado mi vida
a quien dármela puede, o darme muerte!
¿Mas qué puede esperarse, si no es risa,
de un rostro que al Sol vence y vuelve en
noche?
Vuelto ha mi oscura noche en claro día
amor, y en risa mi crecido llanto,
y mi cercana muerte en larga vida.

Cual si estuviera en la arenosa Libia[18]

Blanca   Cual si estuviera en la arenosa Libia,
o en la apartada Citia siempre helada,
tal vez del frío temor me vi asaltada,
y tal del fuego que jamás se entibia.

Mas la esperanza, que el dolor alivia,
en uno y otro extremo, disfrazada
tuvo la vida en su poder guardada,
cuándo con fuerzas, cuándo flaca y tibia.

Pasó la furia del invierno helado,
y, aunque el fuego de amor quedó en su punto,
llegó la deseada primavera,

donde, en un solo venturoso punto,
gozo del dulce fruto deseado,
con largas pruebas de una fe sincera.

18 *La Galatea.* Libro quinto. (N. del E.)

Tanto cuanto el amor convida y llama[19]

Galatea Tanto cuanto el amor convida y llama
al alma con sus gustos de apariencia,
tanto más huye su mortal dolencia
quien sabe el nombre que le da la fama.

Y el pecho opuesto a su amorosa llama,
armado de una honesta resistencia,
poco puede empecerle su inclemencia,
poco su fuego y su rigor le inflama.

Segura está, quien nunca fue querida
ni supo querer bien, de aquella lengua
que en su deshonra se adelgaza y lima;

mas si el querer y el no querer da mengua,
¿en qué ejercicios pasará la vida
la que más que al vivir la honra estima?

Mientras que al triste, lamentable acento
del mal acorde son del canto mío,
en eco amarga de cansado aliento,
responde el monte, el prado, el llano, el río,
demos al sordo y presuroso viento
las quejas que del pecho ardiente y frío
salen a mi pesar, pidiendo en vano
ayuda al río, al monte, al prado, al llano.
Crece el humor de mis cansados ojos
las aguas de este río, y de este prado

19 *La Galatea*. Libro sexto. (N. del E.)

las variadas flores son abrojos
y espinas que en el alma s'han entrado.
No escucha el alto monte mis enojos,
y el llano de escucharlos se ha cansado;
y así, un pequeño alivio al dolor mío
no hallo en monte, en llano, en prado, en río.
Creí que el fuego que en el alma enciende
el niño alado, el lazo con que aprieta,
la red sutil con que a los dioses prende,
y la furia y rigor de su saeta,
que así ofendiera como a mí me ofende
al sujeto sin par que me sujeta;
mas contra un alma que es de mármol hecha,
la red no puede, el fuego, el lazo y flecha.
Yo sí que al fuego me consumo y quemo,
y al lazo pongo humilde la garganta,
y a la red invisible poco temo,
y el rigor de la flecha no me espanta.
Por esto soy llegado a tal extremo,
a tanto daño, a desventura tanta,
que tengo por mi gloria y mi sosiego
la saeta, la red, el lazo, el fuego.

La ilustre fregona

Raro, humilde sujeto, que levantas[20]

Raro, humilde sujeto, que levantas
a tan excelsa cumbre la belleza,
que en ella se excedió naturaleza
a sí misma, y al cielo la adelantas;

si hablas, o si ríes, o si cantas,
si muestras mansedumbre o aspereza
(efecto solo de tu gentileza),
las potencias del alma nos encantas.

Para que pueda ser más conocida
la sin par hermosura que contienes
y la alta honestidad de que blasonas,

deja el servir, pues debes ser servida
de cuantos ven sus manos y sus sienes
resplandecer por cetros y coronas.

¿Quién de amor venturas halla?
El que calla.
¿Quién triunfa de su aspereza?
La firmeza.
¿Quién da alcance a su alegría?
La porfía.
De ese modo, bien podría
esperar dichosa palma
si en esta empresa mi alma
calla, está firme y porfía.

20 *La ilustre fregona.* (N. del E.)

¿Con quién se sustenta amor?
Con favor.
¿Y con qué mengua su furia?
Con la injuria.
¿Antes con desdenes crece?
Desfallece.
Claro en esto se parece
que mi amor será inmortal,
pues la causa de mi mal
ni injuria ni favorece.

Quien desespera, ¿qué espera?
Muerte entera.
Pues, ¿qué muerte el mal remedia?
La que es media.
Luego, ¿bien será morir?
Mejor sufrir.
Porque se suele decir,
y esta verdad se reciba,
que tras la tormenta esquiva
suele la calma venir.

¿Descubriré mi pasión?
En ocasión.
¿Y si jamás se me da?
Sí hará.
Llegará la muerte en tanto.
Llegue a tanto
tu limpia fe y esperanza,
que, en sabiéndolo Costanza,
convierta en risa tu llanto.

Salga la hermosa Argüello,
moza una vez, y no más;
y, haciendo una reverencia,
dé dos pasos hacia atrás.
De la mano la arrebate
el que llaman Barrabás:
andaluz mozo de mulas,
canónigo del Compás.
De las dos mozas gallegas
que en esta posada están,
salga la más carigorda
en cuerpo y sin delantal.
Engarráfela Torote,
y todos cuatro a la par,
con mudanzas y meneos,
den principio a un contrapás.

Dónde estás, que no pareces[21]

¿Dónde estás, que no pareces,
esfera de la hermosura,
belleza a la vida humana
de divina compostura?
Cielo empíreo, donde amor
tiene su estancia segura;
primer moble, que arrebata
tras sí todas las venturas;
lugar cristalino, donde
transparentes aguas puras
enfrían de amor las llamas,
las acrecientan y apuran;
nuevo hermoso firmamento,
donde dos estrellas juntas,
sin tomar la luz prestada,
al cielo y al suelo alumbran;
alegría que se opone
a las tristezas confusas
del padre que da a sus hijos
en su vientre sepultura;
humildad que se resiste
de la alteza con que encumbran
el gran Jove, a quien influye
su benignidad, que es mucha.
Red invisible y sutil,
que pone en prisiones duras
al adúltero guerrero
que de las batallas triunfa;

21 *La ilustre fregona.* (N. del E.)

cuarto cielo y Sol segundo,
que el primero deja a oscuras
cuando acaso deja verse:
que el verle es caso y ventura;
grave embajador, que hablas
con tan extraña cordura,
que persuades callando,
aún más de lo que procuras;
del segundo cielo tienes
no más que la hermosura,
y del primero, no más
que el resplandor de la Luna;
esta esfera sois, Costanza,
puesta, por corta fortuna,
en lugar que, por indigno,
vuestras venturas deslumbra.
Fabricad vos vuestra suerte,
consintiendo se reduzca
la entereza a trato al uso,
la esquividad a blandura.
Con esto veréis, señora,
que envidian vuestra fortuna
las soberbias por linaje;
las grandes por hermosura.
Si queréis ahorrar camino,
la más rica y la más pura
voluntad en mí os ofrezco
que vio amor en alma alguna.

El amante liberal

Como cuando el Sol asoma[22]

Como cuando el Sol asoma
por una montaña baja
y de súpito nos toma,
y con su vista nos doma
nuestra vista y la relaja;
como la piedra balaja,
que no consiente carcoma,
tal es el tu rostro, Aja,
dura lanza de Mahoma,
que las mis entrañas raja.

22 *El amante liberal.* (N. del E.)

Rinconete y Cortadillo

Por un sevillano, rufo a lo valón[23]

Por un sevillano, rufo a lo valón,
tengo socarrado todo el corazón.
Por un morenito de color verde,
¿cuál es la fogosa que no se pierde?
Riñen dos amantes, hácese la paz:
si el enojo es grande, es el gusto más.
Detente, enojado, no me azotes más;
que si bien lo miras, a tus carnes das.

23 *Rinconete y Cortadillo*. (N. del E.)

Poemas varios

Redondillas al hábito de Fray Pedro de Padilla[24]

Hoy el famoso Padilla
con las muestras de su celo
causa contento en el cielo
y en la tierra maravilla,

porque, llevado del cebo
de amor, temor y consejo,
se despoja el hombre viejo
para vestirse de nuevo.

Cual prudente sierpe ha sido,
pues, con nuevo corazón,
en la piedra de Simón
se deja el viejo vestido,

y esta mudanza que hace
lleva tan cierto compás
que en ella asiste lo más
de cuanto a Dios satisface.

Con las obras y la fe
hoy para el cielo se embarca
en mejor jarciada barca
que la que libró a Noé;

y, para hacer tal pasaje,
ha muchos años que ha hecho,
con sano y cristiano pecho,

24 *Jardín espiritual*, 1584. (N. del E.)

cristiano matalotaje,

y no teme el mal tempero
ni anegarse en el profundo
porque en el mar de este mundo
es práctico marinero,

y así, mirando el aguja
divina, cual se requiere,
si el demonio a orza diere,
él dará al instante a puja.

Y llevando este concierto
con las ondas de este mar,
a la fin vendrá a parar
a seguro y dulce puerto,

donde, sin áncoras ya,
estará la nave en calma
con la eternidad del alma,
que nunca se acabará.

En una verdad me fundo,
y mi ingenio aquí no yerra,
que en siendo sal de la tierra,
habéis de ser luz del mundo:

luz de gracia rodeada
que alumbre nuestro horizonte,
y sobre el Carmelo monte
fuerte ciudad levantada.

Para alcanzar el trofeo
De estas santas profecías,
tendréis el carro de Elías
con el manto de Eliseo,

y, ardiendo en amor divino,
donde nuestro bien se fragua,
apartando el manto al agua,
por el fuego haréis camino;

porque el voto de humildad
promete segura alteza
y castidad y pobreza,
bienes de divinidad,

y así los cielos serenos
verán, cuando acabarás,
un cortesano allá más
y en la tierra un sabio menos.

Al señor Antonio Veneziani[25]

Si el lazo, el fuego, el dardo, el puro hielo
que os tiene, abrasa, hiere y pone fría
vuestra alma, trae su origen desde el cielo,
ya que os aprieta, enciende, mata, enfría,
¿qué nudo, llama, llaga, nieve o celo
ciñe, arde, traspasa o hiela hoy día,
con tan alta ocasión como aquí muestro,
un tierno pecho, Antonio, como el vuestro?
El cielo, que el ingenio vuestro mira,
en cosas que son de él quiso emplearos
y, según lo que hacéis, vemos que aspira
por Celia al cielo empíreo levantaros;
ponéis en tal objeto vuestra mira,
que dais materia al mundo de envidiaros:
¡dichoso el desdichado a quien se tiene
envidia de las ansias que sostiene!
En los conceptos que la pluma
de la alma en el papel ha trasladado
nos dais no solo indicio pero muestra
de que estáis en el cielo sepultado,
y allí os tiene de amor la fuerte diestra
vivo en la muerte, a vida reservado,
que no puede morir quien no es del suelo,
teniendo el alma en Celia, que es un cielo.
Solo me admira el ver que aquel divino
cielo de Celia encierre un vivo infierno

---

25 Antonio Veneziano compartió cautiverio con Cervantes en Argel.
   Este poema fue publicado en un cancionero de Veneziano titulado
   Celia. (N. del E.)

y que la fuerza de su fuerza y sino
os tenga en pena y llanto sempiterno;
al cielo encamináis vuestro camino,
mas, según vuestra suerte, yo discierno
que al cielo sube el alma y se apresura,
y en el suelo se queda la ventura.
Si con benigno y favorable aspecto
a alguno mira el cielo acá en la tierra,
obra escondidamente un bien perfecto
en el que cualquier mal de sí destierra;
mas si los ojos pone en el objeto
airados, le consume en llanto y guerra
así como a vos hace vuestro cielo:
ya os da guerra, ya paz, ya fuego y hielo.
No se ve el cielo en claridad serena
de tantas luces claro y alumbrado
cuantas con rica habéis y fértil vena
el vuestro de virtudes adornado;
ni hay tantos granos de menuda arena
en el desierto líbico apartado
cuantos loores creo que merece
el cielo que os abaja y engrandece.
En Scitia ardéis, sentís en Libia frío,
contraria operación y nunca vista;
flaqueza al bien mostráis, al daño brío;
más que un lince miráis, sin tener vista;
mostráis con discreción un desvarío,
que el alma prende, a la razón conquista,
y esta contrariedad nace de aquella
que es vuestro cielo, vuestro Sol y estrella.
Si fuera un caos, una materia unida
sin forma vuestro cielo, no espantara

de que del alma vuestra entristecida
las continuas querellas no escuchara;
pero, estando ya en partes esparcida
que un fondo forman de virtud tan rara,
es maravilla tenga los oídos
sordos a vuestros tristes alaridos.
Si es lícito rogar por el amigo
que en estado se halla peligroso,
yo, como vuestro, desde aquí me obligo
de no mostrarme en esto perezoso;
mas si me he de oponer a lo que digo
y conducirlo a término dichoso,
no me deis la ventura, que es muy poca,
mas las palabras sí de vuestra boca.
Diré: «Celia gentil, en cuya mano
está la muerte y vida y pena y gloria
de un mísero cautivo que, temprano
ni aun tarde, no saldrás de su memoria:
vuelve el hermoso rostro blando, humano,
a mirar de quien llevas la victoria;
verás el cuerpo en dura cárcel triste
del alma que primero tú rendiste.
Y, pues un pecho en la virtud constante
se mueve en casos de honra y muestra airado,
muévale al tuyo el ver que de delante
te han un firme amador arrebatado;
y si quiere pasar más adelante
y hacer un hecho heroico y extremado,
rescata allá su alma con querella,
que el cuerpo, que está acá, se irá tras ella.
El cuerpo acá y el alma allá cautiva
tiene el mísero amante que padece

por ti, Celia hermosa, en quien se aviva
la luz que al cielo alumbra y esclarece;
mira que el ser ingrata, cruda, esquiva
mal con tanta beldad se compadece:
muéstrate agradecida y amorosa
al que te tiene por su cielo y diosa».

A Fray Pedro de Padilla[26]

Cual vemos que renueva
el águila real la vieja y parda
pluma y con otra nueva
la detenida y tarda
pereza arroja y con subido vuelo
rompe las nubes y se llega al cielo:
tal, famoso Padilla,
has sacudido tus humanas plumas,
porque con maravilla
intentes y presumas
llegar con nuevo vuelo al alto asiento
donde aspiran las alas de tu intento.
Del Sol el rayo ardiente
alza del duro rostro de la tierra,
con virtud excelente,
la humildad que en sí encierra,
la cual después, en lluvia convertida,
alegra al suelo y da a los hombres vida:
y de esta misma suerte
el Sol divino te regala y toca
y en tal humor convierte
que, con tu pluma, apoca
la sequedad de la ignorancia nuestra
y a ciencia santa y santa vida adiestra.
¡Qué santo trueco y cambio:
por las humanas, las divinas musas!
¡Qué interés y recambio!
¡Qué nuevos modos usas

26 *Jardín espiritual*, 1584. (N. del E.)

de adquirir en el suelo una memoria
que dé fama a tu nombre, al alma gloria!;
que, pues es tu Parnaso
el monte del Calvario y son tus fuentes
de Aganipe y Pegaso
las sagradas corrientes
de las benditas llagas del Cordero,
eterno nombre de tu nombre espero.

Oh cuán claras señales habéis dado[27]

¡Oh cuán claras señales habéis dado,
alto Bartholomeo de Ruffino,
que de Parnaso y Ménalo el camino
habéis dichosamente paseado!

Del siempre verde lauro coronado
seréis, si yo no soy mal adivino,
si ya vuestra fortuna y cruel destino
os saca de tan triste y bajo estado,

pues, libre de cadenas vuestra mano,
reposando el ingenio, al alta cumbre
os podéis levantar seguramente,

oscureciendo al gran Livio romano,
dando de vuestras obras tanta lumbre
que bien merezca el lauro vuestra frente.

---

27 Poema encontrado al principio del manuscrito de la obra titulada
Sopra la desolatione della Goletta e Forte di Tunisi, de Bartolomé
Ruffino de Chambery, quien estuvo cautivo junto a Cervantes en
Argel, la dedicatoria es del 3 de Febrero de 1577. (N. del E.)

Ya que del ciego dios habéis cantado[28]

Ya que del ciego dios habéis cantado
el bien y el mal, la dulce fuerza y arte,
en la primera y la segunda parte,
donde está de amor el todo señalado,

ahora, con aliento descansado
y con nueva virtud que en vos reparte
el cielo, nos cantáis del duro Marte
las fieras armas y el valor sobrado.

Nuevos ricos mineros se descubren
de vuestro ingenio en la famosa mina
que al más alto deseo satisfacen;

y, con dar menos de lo más que encubren,
a este menos lo que es más se inclina
del bien que Apolo y que Minerva hacen.

28 Dedicada al *Romancero* de Pedro de Padilla. (N. del E.)

Epitafio[29]

Aquí el valor de la española tierra,
aquí la flor de la francesa gente,
aquí quien concordó lo diferente,
de oliva coronando aquella guerra;

aquí en pequeño espacio veis se encierra
nuestro claro lucero de occidente;
aquí yace enterrada la excelente
causa que nuestro bien todo destierra.

Mirad quién es el mundo y su pujanza,
y cómo, de la más alegre vida,
la muerte lleva siempre la victoria;

también mirad la bienaventuranza
que goza nuestra reina esclarecida
en el eterno reino de la gloria.

29 *Historia y relación del tránsito y exequias de la reina doña Isabel de Valois*, López de Hoyos, Madrid, 1569. (N. del E.)

Al dotor Francisco Díaz, de Miguel de Cervantes, soneto[30]

Tú, que con nuevo y sin igual decoro
tantos remedios para un mal ordenas,
bien puedes esperar de estas arenas,
del sacro Tajo, las que son de oro,

y el lauro que se debe al que un tesoro   5
halla de ciencia, con tan ricas venas
de raro advertimiento y salud llenas,
contento y risa del enfermo lloro;

que por tu industria una deshecha piedra
mil mármoles, mil bronces a tu fama   10
dará sin invidiosas competencias;

daráte el cielo palma, el suelo yedra,
pues que el uno y el otro ya te llama
espíritu de Apolo en ambas ciencias.

---

30 El poema se refiere al *Compendio de cirugía*, de Francisco Díaz,
    editada por Pedro Cosin, 1575. (N. del E.)

De Miguel Cervantes, glosa[31]

Tras los dones primitivos
que, en el fervor de su celo,
ofreció la iglesia al cielo,
a sus edificios vivos
dio nuevas piedras el suelo;   5

   estos dones agradece
a su esposa y la ennoblece,
pues, de parte del esposo,
un Hiacinto, el más precioso,
el cielo a la iglesia ofrece.   10

   Porque el hombre de su gracia
tantas veces se retira,
y el Jacinto, al que le mira,
es tan grande su eficacia
que le sosiega la ira,   15

   su misma piedad lo inclina
a darlo por medicina,
que, en su juicio profundo,
ve que ha menester el mundo,
hoy una piedra tan fina.   20

   Obró tanto esta virtud,
viviendo Jacinto en él,

---

31 En la canonización de san Jacinto (1595), el convento de Santo
Domingo de Zaragoza dio el primer premio a este poema de Cer-
vantes. (N. del E.)

que, a los vivos rayos d'él,
en una y otra salud
se restituyó por él.   25

   Crezca gloriosa la mina
que de su luz jacintina
tiene el cielo y tierra llenos,
pues no mereció estar menos
que en la corona divina.   30

   Allá luce ante los ojos
del mismo autor de su gloria,
y acá en gloriosa memoria
de los triunfos y despojos
que sacó de la vitoria,   35

   pues si otra luz desfallece
cuando el Sol la suya ofrece,
¿qué tan viva y rutilante
será aquésta si delante
del mismo Dios resplandece?   40

De Miguel de Cervantes Saavedra, soneto[32]

No ha menester el que tus hechos canta,
¡oh gran marqués!, el artificio humano,
que a la más sutil pluma y docta mano
ellos le ofrecen al que al orbe espanta;

y éste que sobre el cielo se levanta,   5
llevado de tu nombre soberano,
a par del griego y escritor toscano,
sus sienes ciñe con la verde planta;

y fue muy justa prevención del cielo
que a un tiempo ejercitases tú la espada   10
y él su prudente y verdadera pluma,

porque, rompiendo de la invidia el velo,
tu fama, en sus escritos dilatada,
ni olvido o tiempo o muerte la consuma.

---

32 *Comentarios de la Jornada de las islas de los Azores* por el licencia-
do Mosquera de Figueroa, 1596. (N. del E.)

El capitán Becerra vino a Sevilla a enseñar lo que habían
de hacer los soldados, y a esto y a la entrada del duque de
Medina en Cádiz hizo Cervantes este soneto[33]

Vimos en julio otra semana santa,
atestada de ciertas cofradías
que los soldados llaman compañías,
de quien el vulgo, y no el inglés, se espanta;

hubo de plumas muchedumbre tanta   5
que en menos de catorce o quince días
volaron sus pigmeos y Golías,
y cayó su edificio por la planta.

Bramó el Becerro y púsolos en sarta;
tronó la tierra, escurecióse el cielo,   10
amenazando una total ruina;

y al cabo, en Cádiz, con mesura harta,
ido ya el conde, sin ningún recelo,
triunfando entró el gran duque de Medina.

---

33 Soneto escrito tras la entrada del duque de Medina en Cádiz en ju-
lio de 1596, con soldados entrenados por el capitán Becerra, tras
la retirada de las tropas inglesas bajo el mando del conde de Es-
sex. (N. del E.)

Al túmulo del rey que se hizo en Sevilla[34]

«¡Voto a Dios que me espanta esta grandeza
y que diera un doblón por describilla!;
porque, ¿a quién no suspende y maravilla
esta máquina insigne, esta braveza?

¡Por Jesucristo vivo, cada pieza   5
vale más que un millón, y que es mancilla
que esto no dure un siglo, ¡oh gran Sevilla,
Roma triunfante en ánimo y riqueza!

¡Apostaré que la ánima del muerto,
por gozar este sitio, hoy ha dejado   10
el cielo, de que goza eternamente!»

Esto oyó un valentón y dijo: «¡Es cierto
lo que dice voacé, seor soldado,
y quien dijere lo contrario miente!»

Y luego encontinente   15
caló el chapeo, requirió la espada,
miró al soslayo, fuese, y no hubo nada.

---

34 Tras muerte de Felipe II en 1598 se preparó una ostentosa ceremo-
nia en la catedral de Sevilla que Cervantes satirizó con este poema.
(N. del E.)

Unas décimas que compuso Miguel de Cervantes[35]

Ya que se ha llegado el día,
gran rey, de tus alabanzas,
de la humilde musa mía
escucha, entre las que alcanzas,
las llorosas que te envía;   5

    que, puesto que ya caminas
pisando las perlas finas
de las aulas soberanas,
tal vez palabras humanas
oyen orejas divinas.   10

    ¿Por dónde comenzaré
a exagerar tus blasones,
después que te llamaré
padre de las religiones
y defensor de la fe?   15

    Sin duda habré de llamarte
nuevo y pacífico Marte,
pues en sosiego venciste
lo más en cuanto quisiste,
y es mucha la menor parte.   20

    Tembló el cita en el oriente,
el bárbaro al mediodía,

35 *Descripción del túmulo y relación de la exequias que hizo la ciudad de Sevilla en la muerte del rey don Felipe II*, recopilada por F. Jerónimo Collado. (N. del E.)

el luterano al poniente,
y en la tierra siempre fría
temió la indómita gente;   25

Arauco vio tus banderas
vencedoras, y las fieras
ondas del sangriento Egeo
te dieron como en trofeo
las otomanas banderas.   30

Las virtudes en su punto
en tu pecho se hallaron,
y el poder y el saber junto,
y jamás no te dejaron,
aun casi el cuerpo difunto;   35

y lo que más tu valor
sube al extremo mayor
es que fuiste, cual se advierte,
bueno en vida, bueno en muerte
y bueno en tu sucesor.   40

Esta memoria nos dejas,
que es la que el bueno cudicia,
que, amigables y sin quejas,
misericordia y justicia
corrieron en ti parejas,   45

como la llana humildad
al par de la majestad,
tan sin discrepar un tilde
que fuiste el rey más humilde

y de mayor gravedad. 50

Quedar las arcas vacías,
donde se encerraba el oro
que dicen que recogías,
nos muestra que tu tesoro
en el cielo lo escondías; 55

desde ahora en los serenos
Elíseos campos amenos
para siempre gozarás,
sin poder desear más
ni contentarte con menos. 60

De Miguel de Cervantes[36]

Yace en la parte que es mejor de España
una apacible y siempre verde Vega
a quien Apolo su favor no niega,
pues con las aguas de Helicón la baña;

Júpiter, labrador por grande hazaña,   5
su ciencia toda en cultivarla entrega;
Cilenio, alegre, en ella se sosiega,
Minerva eternamente la acompaña;

las Musas su Parnaso en ella han hecho;
Venus, honesta, en ella aumenta y cría   10
la santa multitud de los amores.

Y así, con gusto y general provecho,
nuevos frutos ofrece cada día
de ángeles, de armas, santos y pastores.

36 A Lope de Vega en la *Dragontea*, 1593. (N. del E.)

Miguel de Cervantes, autor de Don Quixote[37]

El que subió por sendas nunca usadas
del sacro monte a la más alta cumbre;
el que a una Luz se hizo todo lumbre
y lágrimas, en dulce voz cantadas;

el que con culta vena las sagradas   5
de Helicón y Pirene en muchedumbre
(libre de toda humana pesadumbre)
bebió y dejó en divinas transformadas;

aquél a quien invidia tuvo Apolo
porque, a par de su Luz, tiene su fama   10
de donde nace a donde muere el día:

el agradable al cielo, al suelo solo,
vuelto en ceniza de su ardiente llama,
yace debajo desta losa fría.

---

37 «Este soneto hice a la muerte de Fernando de Herrera; y, para en-
tender el primer cuarteto, advierto que él celebraba en sus versos
a una señora debajo deste nombre de Luz. Creo que es de los bue-
nos que he hecho en mi vida». Aparece en un códice manuscrito
de 1630, que perteneció a Fernando de la Serna. (N. del E.)

Miguel de Cervantes a don Diego de Mendoza y a su fama[38]

En la memoria vive de las gentes,
varón famoso, siglos infinitos,
premio que le merecen tus escritos
por graves, puros, castos y excelentes.

Las ansias en honesta llama ardientes,   5
los Etnas, los Estigios, los Cocitos
que en ellos suavemente van descritos,
mira si es bien, ¡oh Fama!, que los cuentes,

y aun que los lleves en ligero vuelo
por cuanto ciñe el mar y el Sol rodea,   10
y en láminas de bronce los esculpas;

que así el suelo sabrá que sabe el cielo
que el renombre inmortal que se desea
tal vez le alcanzan amorosas culpas.

---

38 *Academia llamada Selvage.* (N. del E.)

Miguel de Cervantes, al secretario Gabriel Pérez del Barrio Angulo[39]

Tal secretario formáis,
Gabriel, en vuestros escritos,
que por siglos infinitos
en él os eternizáis;

de la ignorancia sacáis   5
la pluma, y en presto vuelo
de lo más bajo del suelo
al cielo la levantáis.

Desde hoy más, la discreción
quedará puesta en su punto,   10
y el hablar y escribir junto
en su mayor perfección,

que en esta nueva ocasión
nos muestra, en breve distancia,
Demóstenes su elegancia   15
y su estilo Cicerón.

España os está obligada,
y con ella el mundo todo,
por la subtileza y modo
de pluma tan bien cortada;   20

la adulación defraudada

---

39 Gabriel Pérez del Barrio Angulo fue secretario del marqués de los
    Vélez. (N. del E.)

queda, y la lisonja en ella;
la mentira se atropella,
y es la verdad levantada.

Vuestro libro nos informa 25
que solo vos habéis dado
a la materia de estado
hermosa y cristiana forma;

con la razón se conforma
de tal suerte que en él veo 30
que, contentando al deseo,
al que es más libre reforma.

Soneto a don Diego Rosel y Fuenllana, inventor de nuevos artes, hecho por Miguel de Cervantes[40]

Jamás en el jardín de Falerina
ni en la Parnasa, excesible cuesta,
se vio Rosel ni rosa cual es ésta,
por quien gimió la maga Dragontina;

atrás deja la flor que se recrina   5
en la del Tronto archiducal floresta,
dejando olor por vía manifesta
que a la región del cielo la avecina.

Crece, ¡oh muy felice planta!, crece,
y ocupen tus pimpollos todo el orbe,   10
retumbando, crujiendo y espantando;

el Betis calle, pues el Po enmudece,
y la muerte, que a todo humano sorbe,
sola esta rosa vaya eternizando.

40 Diego Rosel y Fuenllana, fue un escritor y militar español del Siglo de Oro. Cervantes le dedicó un soneto en alabanza de una obra suya: Parte *Primera de Varias Explicaciones y Transformaciones las quales tractan Terminos Cortesanos Practica Militar, Casos de Estado en prosa y verso con nueuos Hieroglificos y algunos puntos morales. Dirigido à la Magestad del Cristianissimo Rey de Francia (Ludovico XIII)*, Nápoles, Juan Domingo Roncallolo, 1613. (N. del E.)

De Miguel de Cervantes, a los éxtasis de nuestra beata madre Teresa de Jesús[41]

Virgen fecunda, madre venturosa,
cuyos hijos, criados a tus pechos,
sobre sus fuerzas la virtud alzando,
pisan ahora los dorados techos
de la dulce región maravillosa   5
que está la gloria de su Dios mostrando:
tú, que ganaste obrando
un nombre en todo el mundo
y un grado sin segundo,
ahora estés ante tu Dios prostrada,   10
en rogar por tus hijos ocupada,
o en cosas dignas de tu intento santo,
oye mi voz cansada
y esfuerza, ¡oh madre!, el desmayado canto.

Luego que de la cuna y las mantillas   15
sacó Dios tu niñez, diste señales
que Dios para ser suya te guardaba,
mostrando los impulsos celestiales
en ti, con ordinarias maravillas,
que a tu edad tu deseo aventajaba;   20
y si se descuidaba
de lo que hacer debía,
tal vez luego volvía
mejorado, mostrando codicioso

---

41 *Compendio de las solemnes fiestas que en toda España se hicieron en la beatificación de nuestra beata madre Teresa de Jesús*, Madrid, 1615. (N. del E.)

que el haber parecido perezoso   25
era un volver atrás para dar salto,
con curso más brioso,
desde la tierra al cielo, que es más alto.

Creciste, y fue creciendo en ti la gana
de obrar en proporción de los favores   30
con que te regaló la mano eterna,
tales que, al parecer, se alzó a mayores
contigo alegre Dios en la mañana
de tu florida edad humilde y tierna;
y así tu ser gobierna   35
que poco a poco subes
sobre las densas nubes
de la suerte mortal, y así levantas
tu cuerpo al cielo, sin fijar las plantas,
que ligero tras sí el alma le lleva   40
a las regiones santas
con nueva suspensión, con virtud nueva.

Allí su humildad te muestra santa;
acullá se desposa Dios contigo,
aquí misterios altos te revela.   45
Tierno amante se muestra, dulce amigo,
y, siendo tu maestro, te levanta
al cielo, que señala por tu escuela;
parece se desvela
en hacerte mercedes;   50
rompe rejas y redes
para buscarte el Mágico divino,
tan tu llegado siempre y tan contino
que, si algún afligido a Dios buscara,

acortando camino   55
en tu pecho o en tu celda le hallara.

Aunque naciste en Ávila, se puede
decir que en Alba fue donde naciste,
pues allí nace donde muere el justo;
desde Alba, ¡oh madre!, al cielo te partiste: 60
alba pura, hermosa, a quien sucede
el claro día del inmenso gusto.
Que le goces es justo
en éxtasis divinos
por todos los caminos   65
por donde Dios llevar a un alma sabe,
para darle de sí cuanto ella cabe,
y aun la ensancha, dilata y engrandece
y, con amor suave,
a sí y de sí la junta y enriquece.   70

Como las circunstancias convenibles
que acreditan los éxtasis, que suelen
indicios ser de santidad notoria,
en los tuyos se hallaron, nos impelen
a creer la verdad de los visibles   75
que nos describe tu discreta historia;
y el quedar con vitoria,
honroso triunfo y palma
del infierno, y tu alma
más humilde, más sabia y obediente   80
al fin de tus arrobos, fue evidente
señal que todos fueron admirables
y sobrehumanamente
nuevos, continuos, sacros, inefables.

Ahora, pues, que al cielo te retiras,   85
menospreciando la mortal riqueza
en la inmortalidad que siempre dura,
y el visorrey de Dios nos da certeza
que sin enigma y sin espejo miras
de Dios la incomparable hermosura,   90
colma nuestra ventura:
oye, devota y pía,
los balidos que envía
el rebaño infinito que criaste
cuando del suelo al cielo el vuelo alzaste,   95
que no porque dejaste nuestra vida
la caridad dejaste,
que en los cielos está más estendida.

Canción, de ser humilde has de preciarte
cuando quieras al cielo levantarte,   100
que tiene la humildad naturaleza
de ser el todo y parte
de alzar al cielo la mortal bajeza.

De Miguel de Cervantes Saavedra[42]

De Turia el cisne más famoso hoy canta,
y no para acabar la dulce vida,
que en sus divinas obras escondida
a los tiempos y edades se adelanta:

queda por él canonizada y santa   5
Teruel, vivos Marcilla y su homicida;
su pluma, por heroica conocida,
en quien se admira el cielo, el suelo espanta.

Su dotrina, su voz, su estilo raro,
que por tuyos, ¡oh Apolo!, reconoces,   10
según el vuelo de sus bellas alas,

grabadas por la Fama en mármol paro
y en láminas de bronce, harán que goces
siglo de eternidad, Yagüe de Salas.

---

42   Dedicada «A Juan Yagüe de Salas». Yagüe de Salas fue un escri-
tor de la época. Su obra más importante es *Los Amantes de Teruel,
epopeya trágica, con la restauración del Sobrarbe y conquista del
reyno de Valencia* (1616). La obra fue elogiada por Cervantes, Gui-
llén de Castro y Lope de Vega, entre otros. (N. del E.)

Canción nacida de las varias nuevas que han venido de la católica armada que fue sobre Inglaterra, de Miguel de Cervantes Saavedra[43]

Bate, Fama veloz, las prestas alas,
rompe del norte las cerradas nieblas,
aligera los pies, llega y destruye
el confuso rumor de nuevas malas
y con tu luz desparce las tinieblas   5
del crédito español, que de ti huye;
esta preñez concluye
en un parto dichoso que nos muestre
un fin alegre de la ilustre empresa,
cuyo fin nos suspende, alivia y pesa,   10
ya en contienda naval, ya en la terrestre,
hasta que, con tus ojos y tus lenguas,
diciendo ajenas menguas,
de los hijos de España el valor cantes,
con que admires al cielo, al suelo espantes.   15

Di con firme verdad, firme y sigura:
¿hizo el que pudo la victoria vuestra?
¿Sentenciado ha su causa el Padre eterno?
¿Bañada queda en roja sangre y pura
la católica espada y fuerte diestra?   20
En fin, de aquel que asiste a su gobierno,
¿poblado ha el hondo infierno
de nuevas almas, y de cuerpos lleno
el mar, que a los despojos y banderas

---

43 Cervantes dedicó dos canciones a la Armada invencible en 1588.
Esta y la siguiente. (N. del E.)

de las naciones pertinaces, fieras,   25
apenas dio lugar su inmenso seno,
del pirata mayor del occidente
ya inclinada la frente,
y puesto al cuello altivo y indomable
del vencimiento el yugo miserable?   30

Di (que al fin lo dirás): «allí volaron
por el aire los cuerpos, impelidos
de las fogosas máquinas de guerra;
aquí las aguas su color cambiaron,
y la sangre de pechos atrevidos   35
humedecieron la contraria tierra»;
cómo huye, o si afierra,
este y aquel navío; en cuántos modos
se aparecen las sombras de la muerte;
cómo juega Fortuna con la suerte,   40
no mostrándose igual ni firme a todos,
hasta que, por mil varios embarazos,
los españoles brazos,
rompiendo por el aire, tierra y fuego,
declararon por suyo el mortal juego.   45

Píntanos ya un diluvio con razones,
causado de un conflicto temeroso
y que le pinta la contraria parte:
mil cuerpos sobreaguados y en montones
confusos, otros naden cobdiciosos   50
de entretener la vida en cualquier parte;
al descuido, y con arte,
pinta rotas entenas, jarcias rotas,
quillas sentidas, tablas desclavadas,

y, de impaciencia y de rigor armadas,   55
las dos (y no en valor) iguales flotas.
Exprime los gemidos excesivos
de aquellos semivivos
que, ardiendo, al agua fría se arrojaban
y, en la muerte del fuego, muerte hallaban.   60

  Después de esto dirás: «en espaciosas,
concertadas hileras va marchando
nuestro cristiano ejército invencible,
las cruzadas banderas victoriosas
al aire con donaire tremolando,   65
haciendo vista fiera y apacible.
Forma aquel son horrible
que el cóncavo metal despide y forma,
y aquel del atambor que engendra y cría
en el cobarde pecho valentía   70
y el temor natural trueca y reforma»;
haz los reflejos y vislumbres bellas
que, cual claras estrellas,
en las lucidas armas el Sol hace
cuando mirar este escuadrón le place.   75

  Esto dicho, revuelve presurosa
y en los oídos de los dos prudentes
famosos generales luego envía
una voz que les diga la gloriosa
estirpe de sus claros ascendientes,   80
cifra de más que humana valentía:
al que las naves guía
muéstrale sobre un muro un caballero,
más que de yerro, de valor armado,

y entre la turba mora un niño atado,   85
cual entre hambrientos lobos un cordero,
y al segundo Abrahán que dé la daga
con que el bárbaro haga
el sacrificio horrendo que en el suelo
le dio fama y imortal gloria en el cielo;   90

  dirás al otro, que en sus venas tiene
la sangre de Austria, que con esto solo
le dirás cien mil hechos señalados
que, en cuanto el ancho mar cerca y contiene,
y en lo que mira el uno y otro polo,   95
fueron por sus mayores acabados.
Éstos ansí informados,
entra en el escuadrón de nuestra gente
y allá verás, mirando a todas partes,
mil Cides, mil Roldanes y mil Martes,   100
valiente aquél, aquéste más valiente;
a estos solos les dirás que miren
para que luego aspiren
a concluir la más dudosa hazaña:
«Hijos, mirad que es vuestra madre España!,105

  la cual, desde que al viento y mar os distes,
cual viuda llora vuestra ausencia larga,
contrita, humilde, tierna, mansa y justa,
los ojos bajos, húmidos y tristes,
cubierto el cuerpo de una tosca sarga,   110
que de sus galas poco o nada gusta
hasta ver en la injusta
cerviz inglesa puesto el suave yugo
y sus puertas abrir, de herror cargadas,

con las romanas llaves dedicadas   115
[a] abrir el cielo como al cielo plugo.
Justa es la empresa, y vuestro brazo fuerte;
aun de la misma muerte
quitara la vitoria de la mano,
cuanto más del vicioso luterano».   120

Muéstrales, si es posible, un verdadero
retrato del católico monarca,
y verán de David la voz y el pecho,
las rodillas por el suelo y un cor[dero]
mirando, a quien encierra y guarda un arca,125
mejor que aquélla quisier[a haber hecho],
puestos de trecho a trecho
doce descalzos ángeles mortales
en quien tanta virtud el cielo encierra
que con humilde voz desde la tierra   130
pasan del mismo cielo los umbrales.
Con tal cordero, tal monarca y luego
de tales doce el ruego,
diles que está siguro el triunfo y gloria,
y que ya España canta la victoria.   135

Canción, si vas despacio do te envío,
en todo el cielo fío
que has de cambiar por nuevas de alegría
el nombre de canción y profecía.

Fin

Del mismo, canción segunda, de la pérdida de la armada que fue a Inglaterra[44]

Madre de los valientes de la guerra,
archivo de católicos soldados,
crisol donde el amor de Dios se apura,
tierra donde se vee que el cielo entierra
los que han de ser al cielo trasladados   5
por defensores de la fee más pura:
no te parezca acaso desventura,
¡Oh España, madre nuestra!,
ver que tus hijos vuelven a tu seno
dejando el mar de sus desgracias lleno,   10
pues no los vuelve la contraria diestra:
vuélvelos la borrasca incontrastable
del viento, mar, y el cielo que consiente
que se alce un poco la enemiga frente,
odiosa al cielo, al suelo detestable,   15
porque entonces es cierta la caída
cuando es soberbia y vana la subida.

Abre tus brazos y recoge en ellos
los que vuelven confusos, no rendidos,
pues no se escusa lo que el cielo ordena,   20
ni puede en ningún tiempo los cabellos
tener alguno con la mano asidos
de la calva ocasión en suerte buena,
ni es de acero o diamante la cadena
con que se enlaza y tiene   25

---

44 Cervantes dedicó dos canciones a la Armada invencible. Véase la anterior. (N. del E.)

el buen suceso en los marciales casos,
y los más fuertes bríos quedan lasos
del que a los brazos con el viento viene,
y esta vuelta que vees desordenada
sin duda entiendo que ha de ser la vuelta   30
del toro para dar mortal revuelta
a la gente con cuerpos desalmada,
que el cielo, aunque se tarda, no es amigo
de dejar las maldades sin castigo.

A tu león pisado le han la cola;   35
las vedijas sacude, y arrevuelve
a la justa venganza de su ofensa,
no solo suya, que si fuera sola,
quizá la perdonara: solo vuelve
por la de Dios, y en restaurarla piensa.   40
Único es su valor, su fuerza imensa,
claro su entendimiento,
indignado con causa, y tal que a un pecho
cristiano, aunque de mármol fuese hecho,
moviera a justo y vengativo intento.   45
Y más, que el galo, el tusco, el moro mira,
con vista aguda y ánimos perplejos,
cuáles son los comienzos y los dejos,
y dónde pone este león la mira,
porque entonces su suerte está lozana   50
en cuanto tiene este león cuartana.

Ea pues, ¡oh Felipe, señor nuestro,
Segundo en nombre y hombre sin segundo,
coluna de la fee segura y fuerte!,
vuelve en suceso más felice y diestro   55

este designio que fabrica el mundo,
que piensa manso y sin coraje verte,
como si no bastasen a moverte
tus puertos salteados
en las remotas Indias apartadas,   60
y en tus casas tus naves abrasadas,
y en la ajena los templos profanados;
tus mares llenos de piratas fieros,
por ellos tus armadas encogidas,
y en ellos mil haciendas y mil vidas   65
sujetos a mil bárbaros aceros,
cosas que cada cual por sí es posible
a hacer que se intente aun lo imposible.

Pide, toma, señor, que todo aquello
que tus vasallos tienen se te ofrece   70
con liberal y valerosa mano
a trueque que al inglés pérfido cuello
pongas el justo yugo que merece
su injusto pecho y proceder insano;
no solo el oro que se adora en vano,   75
sino sus hijos caros
te darán, cual el suyo dio don Diego,
que, en propria sangre y en ajeno fuego,
acrisoló los hechos siempre raros
de la casa de Córdoba, que ha dado   80
catorce mayorazgos a las lanzas
moriscas, y, con firmes confianzas,
sus obras y su nombre han dilat[ado]
por la espaciosa redondez del suel[o],
que el que así muere vive y gana el cie[lo].   85

En tanto que los brazos levan[tares],
gran capitán de Dios, espera, [espera]
ver vencedor tu pueblo, y no vencido;
pero si de cansado los bajares,
los suyos alzará la gente fiera,   90
que para el mal el malo es atrevido;
y en tu perseverancia está incluido
un felice suceso
de la empresa justísima que tomas,
y no con ella un solo reino domas,   95
que a muchos pones de temor el peso;
aseguras los tuyos, fortaleces
lo que la buena fama de ti canta,
que eres un justo horror que al malo espanta
y mano que a los justos favoreces;   100
alza los brazos, pues, Moisés cristiano,
y pondrálos por tierra el luterano.

Vosotros que, llevados de un deseo
justo y honroso, al mar os entregastes
y el ocio blando y el regalo huistes,   105
puesto que os imagino ahora y veo
entre el viento y el mar que contrastastes
y los mortales daños que sufristes,
de entre Scila y Caribdis no tan tristes
salís que no se vea   110
en vuestro bravo, varonil semblante
que romperéis por montes de diamante
hasta igualar la desigual pelea;
que los bríos y brazos españoles
quilatan su valor, su fuerza y brío   115
con la hambre, sed, calor y frío

cual se quilata el oro en los crisoles,
y, apurados así, son cual la planta
que al cielo con la carga se levanta.

    El diestro esgrimidor, cuando le toca   120
quien sabe menos que él, se enciende en ira
y con facilidad se desagravia;
y en la orilla del mar la fuerte roca,
mientras su furia a deshacerla aspira,
muy poco o nada su rigor la agravia;   125
y es común opinión de gente sabia
que cuanto más ofende
el malo al bueno, tanto más aumenta
el temor del alcance de la cuenta,
que siempre es malo del que mal espende. 130
Triunfe el pirata, pues, agora y haga
júbilo y fiestas, porque el mar y el viento
han respondido al justo de su intento
sin acordarse si el que debe paga,
que, al sumar de la cuenta, en el remate   135
se hará un alcance que le alcance y mate.

    ¡Oh España, oh rey, oh mílites famosos!,
ofrece, manda, obedeced, que el cielo
en fin ha de ayudar al justo celo,
puesto que los principios sean dudosos,   140
y en la justa ocasión y en la porfía
encierra la vitoria su alegría.

[Romance][45]

Yace donde el Sol se pone,
entre dos tajadas peñas,
una entrada de un abismo,
quiero decir, una cueva
profunda, lóbrega, escura,   5
aquí mojada, allí seca,
propio albergue de la noche,
del horror y las tinieblas.
Por la boca sale un aire
que al alma encendida yela,   10
y un fuego, de cuando en cuando,
que el pecho de yelo quema.
Óyese dentro un ruido
como crujir de cadenas
y unos ayes luengos, tristes,   15
envueltos en tristes quejas.
Por las funestas paredes,
por los resquicios y quiebras
mil víboras se descubren
y ponzoñosas culebras.   20
A la entrada tiene puesto[s],
en una amarilla piedra,
huesos de muerto encajados
de modo que forman letras,
las cuales, vistas del fuego   25

45 Aparece en *Obras de Miguel de Cervantes Saavedra*, Bonaventura
Carles Aribau, M. Rivadeneyra, 1846. Con el título de «Los ce-
los» y la fuente allí citada es el *Romancero de don Eugenio Ochoa*,
París, 1838. (N. del E.)

que arroja de sí la cueva,
dicen: «Ésta es la morada
de los celos y sospechas».
Y un pastor contaba a Lauso
esta maravilla cierta   30
de la cueva, fuego y yelo,
aullidos, sierpes y piedra,
el cual, oyendo, le dijo:
«Pastor, para que te crea,
no has menester juramentos   35
ni hacer la vista esperiencia.
Un vivo traslado es ése
de lo que mi pecho encierra,
el cual, como en cueva escura,
no tiene luz, ni la espera.   40
Seco le tienen desdenes
bañado en lágrimas tiernas;
aire, fuego y los suspiros
le abrasan contino y yelan.
Los lamentables aullidos,   45
son mis continuas querellas,
víboras mis pensamientos
que en mis entrañas se ceban.
La piedra escrita, amarilla,
es mi sin igual firmeza,   50
que mis huesos en la muerte
mostrarán que son de piedra.
Los celos son los que habitan
en esta morada estrecha,
que engendraron los descuidos   55
de mi querida Silena».
En pronunciando este nombre,

cayó como muerto en tierra,
que de memorias de celos
aquestos fines se esperan.   60

[Otra versión][46]

Hacia donde el Sol se pone,
entre dos partidas peñas,
una entrada de un abismo,
quiero decir, una cueva
oscura, lóbrega y triste,   5
aquí mojada, allí seca,
propio albergue de la noche,
del terror y de tinieblas.
Por su boca sale un aire
que al alma encendida yela,   10
y un fuego, de cuando en cuando,
que al pecho de nieve quema.
Óyese dentro un ruido
con crujir de cadenas
y unos ayes luengos, tristes,   15
envueltos en tristes quejas;
y en las funestas paredes,
por los resquicios y quiebras
mil víboras se descubren
y ponzoñosas culebras.   20
A la boca tiene puestos,
en una amarilla piedra,
güesos de muerto encajados
de modo que forman letras,
las cuales, vistas al fuego   25

---

46 *Obra completa: Ocho comedias y ocho entremeses; El trato de Ar-*
gel; La numancia; Viaje del Parnaso; Poesías sueltas, Centro Estu-
dios Cervantinos, 1993, edición de Florencio Sevilla Arroyo y An-
tonio Rey Hazas. (N. del E.)

que sale de la caverna,
dicen: «Ésta es la morada
de los celos y sospechas».
Un pastor contaba a Lauso
esta maravilla cierta   30
de la cueva, fuego y yelo,
aullidos, sierpes y piedras,
el cual, viéndole, le dijo:
«Pastor, para que te crean,
no has menester jurallo   35
ni hacer della esperiencia.
El mismo traslado es ése
de lo que mi pecho encierra,
el cual, como en cueva oscura,
ni siente luz, ni la espera.   40
Seco, le tienen desdenes
bañando lágrimas tiernas;
aire y fuego en los suspiros
arrójase, abrasa y yela.
Los lamentables aullidos,   45
son mis continuas endechas,
víboras mis pensamientos
que en mis entrañas se ceban.
La piedra escrita, amarilla,
es mis sin igual firmezas,   50
que los fuegos en mi muerte
dirán cómo fui de piedra.
Los celos son los que avisan
en esta morada estrecha,
que causaron los descuidos   55
cuidados de Silena».
En pronunciando este mal,

cayó como muerto en tierra,
que de memorias de celos
tales sucesos se esperan. 60

El cielo a la iglesia ofrece
hoy una piedra tan fina
que en la corona divina
del mismo Dios resplandece.

De Miguel de Cervantes Saavedra, a la señora doña Alfonsa González, monja profesa en el monasterio de Nuestra Señora de Constantinopla, en la dirección deste libro de la Sacra Minerva[47]

En vuestra sin igual, dulce armonía,
hermosísima Alfonsa, nos reserva
la nueva, la sin par sacra Minerva
cuanto de bueno y santo el cielo cría.

Llega el felice punto, llega el día   5
en que, si os oye la infernal caterva,
huye gimiendo al centro y, de la acerva
región, suspiros a la tierra envía.

En fin, vos convertís el suelo en cielo
con la voz celestial, con la hermosura   10
que os hacen parecer ángel divino;

y así, conviene que tal vez el velo
alcéis, y descubráis esa luz pura
que nos pone del cielo en el camino.

---

47 Este soneto aparece en los preliminares de *Sacra Minerva*, de Miguel Toledano, Madrid, Juan de la Cuesta, 1616. (N. del E.)

Libros a la carta

A la carta es un servicio especializado para
empresas,
librerías,
bibliotecas,
editoriales
y centros de enseñanza;
y permite confeccionar libros que, por su formato y concepción, sirven a los propósitos más específicos de estas instituciones.

Las empresas nos encargan ediciones personalizadas para marketing editorial o para regalos institucionales. Y los interesados solicitan, a título personal, ediciones antiguas, o no disponibles en el mercado; y las acompañan con notas y comentarios críticos.

Las ediciones tienen como apoyo un libro de estilo con todo tipo de referencias sobre los criterios de tratamiento tipográfico aplicados a nuestros libros que puede ser consultado en Linkgua-ediciones.com.

Linkgua edita por encargo diferentes versiones de una misma obra con distintos tratamientos ortotipográficos (actualizaciones de carácter divulgativo de un clásico, o versiones estrictamente fieles a la edición original de referencia).

Este servicio de ediciones a la carta le permitirá, si usted se dedica a la enseñanza, tener una forma de hacer pública su interpretación de un texto y, sobre una versión digitalizada «base», usted podrá introducir interpretaciones del texto fuente. Es un tópico que los profesores denuncien en clase los desmanes de una edición, o vayan comentando errores de interpretación de un texto y esta es una solución útil a esa necesidad del mundo académico.

Asimismo publicamos de manera sistemática, en un mismo catálogo, tesis doctorales y actas de congresos académicos, que son distribuidas a través de nuestra Web.

El servicio de «libros a la carta» funciona de dos formas.

1. Tenemos un fondo de libros digitalizados que usted puede personalizar en tiradas de al menos cinco ejemplares. Estas personalizaciones pueden ser de todo tipo: añadir notas de clase para uso de un grupo de estudiantes, introducir logos corporativos para uso con fines de marketing empresarial, etc. etc.

2. Buscamos libros descatalogados de otras editoriales y los reeditamos en tiradas cortas a petición de un cliente.